全国人民代表大会常务委

中华人民共和国
传染病防治法

（最新修订本）

中国民主法制出版社

图书在版编目（CIP）数据

中华人民共和国传染病防治法：最新修订本／全国人大常委会办公厅供稿．—北京：中国民主法制出版社，2025.5.—ISBN 978-7-5162-3933-9

Ⅰ．D922.16

中国国家版本馆 CIP 数据核字第 2025EA9403 号

书名／中华人民共和国传染病防治法

出版·发行／中国民主法制出版社
地址／北京市丰台区右安门外玉林里 7 号（100069）
电话／（010）63055259（总编室）　63058068　63057714（营销中心）
传真／（010）63055259
http://www.npcpub.com
E-mail:mzfz@npcpub.com
经销／新华书店
开本／32 开　850 毫米×1168 毫米
印张／2.25　**字数**／37 千字
版本／2025 年 5 月第 1 版　2025 年 5 月第 1 次印刷
印刷／廊坊市金虹宇印务有限公司

书号／ISBN 978-7-5162-3933-9
定价／8.00 元

目　　录

中华人民共和国主席令

第四十七号

《中华人民共和国传染病防治法》已由中华人民共和国第十四届全国人民代表大会常务委员会第十五次会议于 2025 年 4 月 30 日修订通过，现予公布，自 2025 年 9 月 1 日起施行。

中华人民共和国主席　习近平

2025 年 4 月 30 日

中华人民共和国传染病防治法

（1989年2月21日第七届全国人民代表大会常务委员会第六次会议通过　2004年8月28日第十届全国人民代表大会常务委员会第十一次会议第一次修订　根据2013年6月29日第十二届全国人民代表大会常务委员会第三次会议《关于修改〈中华人民共和国文物保护法〉等十二部法律的决定》修正　2025年4月30日第十四届全国人民代表大会常务委员会第十五次会议第二次修订）

目　录

第一章　总　　则

第一条　为了预防、控制和消除传染病的发生与流行，保障公众生命安全和身体健康，防范和化解公共卫生风险，维护国家安全和社会稳定，根据宪法，制定本法。

第二条　传染病防治工作坚持中国共产党的领导，坚持人民至上、生命至上，坚持预防为主、防治结合的方针，坚持依法防控、科学防控的原则。

第三条　本法所称传染病，分为甲类传染病、乙类传染病、丙类传染病，以及突发原因不明的传染病等其他传染病。

甲类传染病，是指对人体健康和生命安全危害特别严重，可能造成重大经济损失和社会影响，需要特别严格管理、控制疫情蔓延的传染病，包括鼠疫、霍乱。

乙类传染病，是指对人体健康和生命安全危害严重，可能造成较大经济损失和社会影响，需要严格管理、降低发病率、减少危害的传染病，包括新型冠状病毒感染、传染性非典型肺炎、艾滋病、病毒性肝炎、脊髓灰质炎、人感染新亚型流感、麻疹、流行性出血热、狂犬病、流行性乙型脑炎、登革热、猴痘、炭疽、细菌性和阿米巴性痢疾、肺结核、伤寒和副伤寒、流行性脑脊髓膜炎、百日咳、白喉、新生儿破伤风、猩红热、布鲁氏菌病、淋病、梅毒、钩端螺旋体病、血吸虫病、疟疾。

丙类传染病，是指常见多发，对人体健康和生命安全造成危害，可能造成一定程度的经济损失和社会影响，需要关注流行趋势、控制暴发和流行的传染病，包括流行性感冒、流行性腮腺炎、风疹、急性出血性结膜炎、麻风病、流行性和地方性斑疹伤寒、黑热病、包虫病、丝虫病、手足口病，除霍乱、细菌性和阿米巴性痢疾、伤寒和副伤寒以外的感染性腹泻病。

国务院疾病预防控制部门根据传染病暴发、流行情况和危害程度，及时提出调整各类传染病目录的建议。调整甲类传染病目录，由国务院卫生健康主管部门报经国务院批准后予以公布；调整乙类、丙类传染病目录，由国务院卫生健康主管部门批准、公布。

第四条　突发原因不明的传染病需要采取本法规定的甲类传染病预防、控制措施的，国务院疾病预防控制部门及时提出建议，由国务院卫生健康主管部门报经国务院批准后予以公布。

对乙类传染病中的传染性非典型肺炎、炭疽中的肺炭疽，采取本法规定的甲类传染病预防、控制措施。其他乙类传染病需要采取本法规定的甲类传染病预防、控制措施的，依照前款规定的程序批准、公布。

需要解除依照本条规定采取的甲类传染病预防、控制措施的，国务院疾病预防控制部门及时提出建议，由国务院卫生健康主管部门报经国务院批准后予以公布。

依照本法规定采取甲类传染病预防、控制措施的传染病，适用本法有关甲类传染病的规定。

第五条　省级人民政府对本行政区域常见多发的其他传染病，可以根据情况决定按照乙类或者丙类传染病管理并予以公布，报国务院疾病预防控制部门备案。

第六条　国家建立健全传染病防治体制机制，明确属地、部门、单位和个人责任，实行联防联控、群防群控。

第七条　各级人民政府加强对传染病防治工作的领导。

县级以上人民政府建立健全传染病防治的疾病预防控制、医疗救治、应急处置、物资保障和监督管理体系，加强传染病防治能力建设。

第八条　国务院卫生健康主管部门牵头组织协调全国传染病疫情应对工作，负责全国传染病医疗救治的组织指导工作。国务院疾病预防控制部门负责全国传染病预防、控制的组织指导工作，负责全国传染病疫情应对相关工作。国务院其他有关部门在各自职责范围内负责传染病防治有关工作。

县级以上地方人民政府卫生健康主管部门牵头组织协调本行政区域传染病疫情应对工作，负责本行政区域传染病医疗救治的组织指导工作。县级以上地方人民政府疾病预防控制部门负责本行政区域传染病预防、控制的组织指导工作，负责本行政区域传染病疫情应对相关工作。县级以上地方人民政府其他有关部门在各自职责范围内负责传染病防治有关工作。

中国人民解放军、中国人民武装警察部队的传染病防治工作，依照本法和中央军事委员会的有关规定办理，由中央军事委员会负责卫生工作的部门实施监督管理。

第九条　国务院和县级以上地方人民政府的重大传染病疫情联防联控机制开展疫情会商研判，组织协调、督促推进疫情防控工作。

发生重大传染病疫情，构成突发公共卫生事件的，国务院和县级以上地方人民政府依照有关突发公共卫生事件应对的法律、行政法规规定设立应急指挥机构、启动应急响应。

第十条　国家建立健全城乡一体、上下联动、功能完备的疾病预防控制网络。

国务院疾病预防控制部门领导各级疾病预防控制机构业务工作，建立上下联动的分工协作机制。

国家、省级疾病预防控制机构成立疾病预防控制专家委员会，为传染病防治提供咨询、评估、论证等专业技术支持。

第十一条　国家坚持中西医并重，加强中西医结合，充分发挥中医药在传染病防治中的作用。

第十二条　国家支持和鼓励开展传染病防治的科学研究，组织开展传染病防治和公共卫生研究工作以及多学科联合攻关，提高传染病防治的科学技术水平。

第十三条　国家支持和鼓励在传染病防治中运用现代信息技术。

传染病防治中开展个人信息收集、存储、使用、加工、传输、提供、公开、删除等个人信息处理活动，应当遵守《中华人民共和国民法典》、《中华人民共和国个人信息保护法》等法律、行政法规的规定，采取措施确保个人信息安全，保护个人隐私，不得过度收集个人信息；相关信息不得用于传染病防治以外的目的。

第十四条　中华人民共和国领域内的一切单位和个人应当支持传染病防治工作，接受和配合为预防、控制、消除传染病危害依法采取的调查、采集样本、检验检测、隔离治疗、医学观察等措施，根据传染病预防、控制需要采取必要的防护措施。

国家支持和鼓励单位和个人参与传染病防治工作。各级人民政府应当完善有关制度，提供便利措施，引导单位和个人参与传染病防治的宣传教育、疫情报告、志愿服务和捐赠等活动。

第十五条 疾病预防控制部门、街道办事处和乡镇人民政府应当开展群防群控工作，指导居民委员会、村民委员会协助做好城乡社区的传染病预防、控制工作。

居民委员会、村民委员会应当协助县级以上人民政府及其有关部门、街道办事处和乡镇人民政府做好城乡社区传染病预防、控制的宣传教育、健康提示以及疫情防控工作，组织城乡居民参与城乡社区的传染病预防、控制活动。

县级以上人民政府及其有关部门、街道办事处和乡镇人民政府应当为居民委员会、村民委员会开展传染病预防、控制工作提供必要的支持和保障。

第十六条 国家和社会应当关心、帮助传染病患者、病原携带者和疑似患者，使其得到及时救治。

任何单位或者个人不得歧视传染病患者、病原携带者和疑似患者，不得泄露个人隐私、个人信息。

第十七条 采取传染病预防、控制措施，应当依照法定权限和程序，与传染病暴发、流行和可能造成危害的程度、范围等相适应；有多种措施可供选择的，应当选择有利于最大程度保护单位和个人合法权益，且对他人权益损害和生产生活影响较小的措施，并根据情况变化及时调整。

单位和个人认为有关地方人民政府、卫生健康主管部门、疾病预防控制部门和其他有关部门，以及疾病预防控制机构、医疗机构等实施的相关行政行为或者传染病预防、控制措施，侵犯其合法权益的，可以依法申请行政复议、提起诉讼。

第十八条　国家开展传染病防治健康教育工作，加强传染病防治法治宣传，提高公众传染病防治健康素养和法治意识。

学校、托育机构应当结合年龄特点对学生和幼儿进行健康知识和传染病防治知识的教育。

新闻媒体应当开展传染病防治和公共卫生知识的公益宣传。

个人应当学习传染病防治知识，养成良好的卫生习惯，培养健康的生活方式。

第十九条　国家支持和鼓励开展传染病防治的国际交流与合作。

第二十条　对在传染病防治工作中做出显著成绩和贡献的单位和个人，按照国家有关规定给予表彰、奖励。

对因参与传染病防治工作致病、致残、死亡的人员，按照有关规定给予补助、抚恤和优待。

第二章　预　　防

第二十一条　各级人民政府组织开展爱国卫生运动，完善公共卫生设施，改善人居环境状况，加强社会健康管理，提升全民健康水平。

第二十二条　地方各级人民政府应当有计划地建设和改造城乡公共卫生设施，改善饮用水卫生条件，对污水、污物、粪便进行无害化处置。城市应当按照国家和地方有关标准修建公共厕所、垃圾和粪便无害化处置场以及排水和污水处理系统等公共卫生设施。农村应当逐步改造厕所，建立必要的卫生管理制度。

县级以上地方人民政府应当加强医疗废物收集处置能力建设。设区的市级人民政府应当确定医疗废物协同应急处置设施，提高重大传染病疫情医疗废物应急处置能力。

第二十三条　县级以上人民政府农业农村、水利、林业草原等部门依据职责指导、组织控制和消除农田、湖区、河流、牧场、林区、草原地区的鼠害与血吸虫危害，以及其他传播传染病的动物和病媒生物的危害。

交通运输、铁路、民用航空等部门依据职责指导、监督交通运输经营单位以及车站、港口、机场等相关场所的运营单位消除鼠害和蚊、蝇等病媒生物的危害。

第二十四条　国家实行免疫规划制度。政府免费向居民提供免疫规划疫苗。

国务院疾病预防控制部门制定国家免疫规划。省级人民政府在执行国家免疫规划时，可以根据本行政区域疾病预防、控制需要，增加免疫规划疫苗种类，加强重点地区、重点人群的预防接种，报国务院疾病预防控制部门备案并公布。

国家对儿童实行预防接种证制度。医疗机构、疾病预防控制机构与儿童的监护人、所在学校和托育机构应当相互配合，保证儿童及时接种免疫规划疫苗。

出现特别重大突发公共卫生事件或者其他严重威胁公众健康的紧急事件，可以依照《中华人民共和国疫苗管理法》的规定在一定范围和期限内紧急使用疫苗。

第二十五条　各级疾病预防控制机构在传染病预防、控制中履行下列职责：

（一）实施传染病预防控制规划，制定传染病预防控制技术方案并组织实施；

（二）组织开展传染病监测，收集、分析和报告传染病监测信息，预测传染病的发生、流行趋势；

（三）开展对传染病疫情和突发公共卫生事件的流行病学调查、风险评估、现场处理及其效果评价；

（四）开展传染病实验室检验检测、诊断、病原学鉴定；

（五）实施免疫规划，负责预防性生物制品的使用管理；

（六）开展健康教育、咨询，普及传染病防治知识；

（七）指导、培训下级疾病预防控制机构及其工作人员开展传染病预防、控制工作；

（八）指导医疗机构和学校、托育机构、养老机构、康复机构、福利机构、未成年人救助保护机构、救助管理机构、体育场馆、监管场所、车站、港口、机场等重点场所开展传染病预防、控制工作；

（九）开展传染病防治基础性研究、应用性研究和卫生评价，提供技术咨询。

国家、省级疾病预防控制机构主要负责对传染病发生、流行以及分布进行监测，对重点传染病流行趋势进行预测，提出预防、控制对策，参与并指导对暴发的传染病疫情进行调查处理，开展传染病病原学鉴定，建立检验检测质量控制体系，开展基础性研究、应用性研究、卫生评价以及标准规范制定。

设区的市级、县级疾病预防控制机构主要负责传染病预防控制规划、预防控制技术方案的落实，组织实施免疫、消毒，指导病媒生物危害控制，普及传染病防治知识，负责本地区传染病和突发公共卫生事件监测、报告，开展流行病学调查和常见病原微生物检测，开展应用性研究和卫生评价。

第二十六条　二级以上医疗机构应当有专门的科室并指定专门的人员，承担本机构的传染病预防、控制和传染病疫情报告以及责任区域内的传染病预防工作。

基层医疗卫生机构应当有专门的科室或者指定人员负责传染病预防、控制管理工作，在疾病预防控制机构指导下，承担本机构的传染病预防、控制和责任区域内的传染病防治健康教育、预防接种、传染病疫情报告、传染病患者健康监测以及城乡社区传染病疫情防控指导等工作。

第二十七条 医疗机构的基本标准、建筑设计和服务流程应当符合预防医疗机构感染的要求，降低传染病在医疗机构内传播的风险。

医疗机构应当严格执行国家规定的管理制度、操作规范，加强与医疗机构感染有关的危险因素监测、安全防护、消毒、隔离和医疗废物、医疗污水处置工作，防止传染病在医疗机构内的传播。

医疗机构应当按照规定对使用的医疗器械进行消毒或者灭菌；对按照规定一次性使用的医疗器械，应当在使用后予以销毁。

第二十八条 国务院疾病预防控制部门拟订国家重点传染病和突发原因不明的传染病预防控制应急预案，由国务院卫生健康主管部门批准、公布。

县级以上地方人民政府制定本行政区域重点传染病和突发原因不明的传染病预防控制应急预案，报上一级人民政府备案并予以公布。鼓励毗邻、相近地区的地方人民政府制定应对区域性传染病的联合预防控制应急预案。

传染病预防控制应急预案应当根据本法和其他有关法律、法规的规定，针对传染病暴发、流行情况和危害程度，具体规定传染病预防、控制工作的组织指挥体系和职责，传染病预防、监测、疫情报告和通报、疫情风险评估、预警、应急工作方案、人员调集以及物资和技术储备与调用等内容。

第二十九条　医疗卫生机构和学校、托育机构、养老机构、康复机构、福利机构、未成年人救助保护机构、救助管理机构、体育场馆、监管场所、车站、港口、机场等重点场所，应当制定本单位传染病预防控制应急预案。

第三十条　传染病预防控制应急预案应当增强科学性、针对性和可操作性，并根据实际需要和形势变化及时修订。

县级以上人民政府疾病预防控制部门应当根据有关传染病预防控制应急预案定期组织开展演练。医疗卫生机构和学校、托育机构、养老机构、康复机构、福利机构、未成年人救助保护机构、救助管理机构、体育场馆、监管场所、车站、港口、机场等重点场所应当根据本单位传染病预防控制应急预案开展演练。

第三十一条　疾病预防控制机构、医疗机构的实验室和从事病原微生物实验的单位，应当遵守有关病原微生物实验室生物安全的法律、行政法规规定，符合国家规定的条件和技术标准，建立严格的管理制度，对传染病病原体和样本按照规定的措施实行严格管理，严防传染病病原体的实验室感染和扩散。

第三十二条　采供血机构、生物制品生产单位应当严格执行国家有关规定，保证血液、血液制品的质量和安全。

禁止非法采集血液或者组织他人出卖血液。

疾病预防控制机构、医疗机构使用血液和血液制品，应当遵守国家有关规定，防止因输入血液、使用血液制品引起经血液传播疾病的发生。

第三十三条　各级人民政府应当加强艾滋病的防治工作，采取预防、控制措施，防止艾滋病的传播。具体办法由国务院制定。

第三十四条　国家建立健全人畜共患传染病防治的协作机制，统筹规划、协同推进预防、控制工作，做好重点人群健康教育、传染病监测、疫情调查处置和信息通报等工作。

县级以上人民政府农业农村、林业草原、卫生健康、疾病预防控制等部门依据职责负责与人畜共患传染病有关的动物传染病的防治管理工作，重点加强鼠疫、狂犬病、人感染新亚型流感、布鲁氏菌病、炭疽、血吸虫病、包虫病等人畜共患传染病的防治工作。

第三十五条　国家建立病原微生物菌（毒）种保藏库。

对病原微生物菌（毒）种和传染病检测样本的采集、保藏、提供、携带、运输、使用实行分类管理，建立健全严格的管理制度。从事相关活动应当遵守有关病原微生物实验室生物安全的法律、行政法规规定；依法需要经过批准或者进行备案的，应当取得批准或者进行备案。

第三十六条　对被传染病病原体污染的水、物品和场所，有关单位和个人应当在疾病预防控制机构的指导下或者按照其提出的卫生要求，进行科学严格消毒处理；拒绝消毒处理的，由当地疾病预防控制部门组织进行强制消毒处理。

第三十七条　在国家确认的自然疫源地计划兴建水利、交通、旅游、能源等大型建设项目的，应当事先由省级以上疾病预防控制机构对施工环境进行卫生调查。建设单位应当根据疾病预防控制机构的意见，采取必要的传染病预防、控制措施。施工期间，建设单位应当设专人负责工地上的卫生防疫工作。施工期间和工程竣工后，疾病预防控制机构应当对可能发生的传染病进行监测。

第三十八条　用于传染病防治的消毒产品、饮用水供水单位供应的饮用水和涉及饮用水卫生安全的产品，应当符合国家卫生标准和卫生规范。

用于传染病防治的消毒产品的生产企业，应当经省级人民政府疾病预防控制部门批准，取得卫生许可。利用新材料、新工艺技术和新杀菌原理生产的消毒剂和消毒器械，应当经国务院疾病预防控制部门批准，取得卫生许可；其他消毒剂、消毒器械以及抗（抑）菌剂，应当报省级人民政府疾病预防控制部门备案。

饮用水供水单位应当经设区的市级或者县级人民政

府疾病预防控制部门批准，取得卫生许可。涉及饮用水卫生安全的产品应当经省级以上人民政府疾病预防控制部门批准，取得卫生许可。

第三十九条 传染病患者、病原携带者和疑似患者应当如实提供相关信息，在治愈前或者在排除传染病嫌疑前，不得从事法律、行政法规和国务院疾病预防控制部门规定禁止从事的易使该传染病扩散的工作。

传染病患者、病原携带者、疑似患者以及上述人员的密切接触者应当采取必要的防护措施。

任何单位或者个人不得以任何方式故意传播传染病。

第四十条 学校、托育机构、养老机构、康复机构、福利机构、未成年人救助保护机构、救助管理机构、体育场馆、监管场所、车站、港口、机场等重点场所应当落实主体责任，加强传染病预防、控制能力建设，在疾病预防控制机构指导下开展传染病预防、控制工作。

第三章　监测、报告和预警

第四十一条 国家加强传染病监测预警工作，建设多点触发、反应快速、权威高效的传染病监测预警体系。

第四十二条 国家建立健全传染病监测制度。

国务院疾病预防控制部门会同国务院有关部门制定国家传染病监测规划和方案。省级人民政府疾病预防控制部门会同同级人民政府有关部门，根据国家传染病监测规划和方案，制定本行政区域传染病监测计划和工作方案，报国务院疾病预防控制部门审核后实施。

国家加强传染病监测，依托传染病监测系统实行传染病疫情和突发公共卫生事件网络直报，建立重点传染病以及原因不明的传染病监测哨点，拓展传染病症状监测范围，收集传染病症候群、群体性不明原因疾病等信息，建立传染病病原学监测网络，多途径、多渠道开展多病原监测，建立智慧化多点触发机制，增强监测的敏感性和准确性，提高实时分析、集中研判能力，及时发现传染病疫情和突发公共卫生事件。

第四十三条　疾病预防控制机构对传染病的发生、流行以及影响其发生、流行的因素进行监测，及时掌握重点传染病流行强度、危害程度以及病原体变异情况。

疾病预防控制机构应当加强原因不明的传染病监测，提高快速发现和及时甄别能力；对新发传染病、境内已消除的传染病以及境外发生、境内尚未发生的传染病进行监测。

第四十四条　国家建立跨部门、跨地域的传染病监测信息共享机制，加强卫生健康、疾病预防控制、生态环境、农业农村、海关、市场监督管理、移民管理、林业草原等部门的联动监测和信息共享。

国家建立临床医疗、疾病预防控制信息的互通共享制度，加强医防协同，推动医疗机构等的信息系统与传染病监测系统互联互通，建立健全传染病诊断、病原体检测数据等的自动获取机制，规范信息共享流程，确保个人信息安全。

第四十五条　国家建立健全传染病疫情报告制度。

疾病预防控制机构、医疗机构和采供血机构及其执行职务的人员发现甲类传染病患者、病原携带者、疑似患者或者新发传染病、突发原因不明的传染病，以及其他传染病暴发、流行时，应当于两小时内进行网络直报；发现乙类传染病患者、疑似患者或者国务院疾病预防控制部门规定需要报告的乙类传染病病原携带者时，应当于二十四小时内进行网络直报；发现丙类传染病患者时，应当于二十四小时内进行网络直报。

中国人民解放军、中国人民武装警察部队的医疗机构向社会公众提供医疗服务的，应当依照前款规定报告传染病疫情。

传染病疫情报告遵循属地管理原则，具体办法由国务院疾病预防控制部门制定。

第四十六条　疾病预防控制机构、医疗机构和采供血机构应当建立健全传染病疫情报告管理制度，加强传染病疫情和相关信息报告的培训、日常管理和质量控制，定期对本机构报告的传染病疫情和相关信息以及报告质量进行分析、汇总和通报。

第四十七条 学校、托育机构、养老机构、康复机构、福利机构、未成年人救助保护机构、救助管理机构、体育场馆、监管场所、车站、港口、机场等重点场所发现传染病患者、疑似患者时，应当按照国务院疾病预防控制部门的规定，向所在地疾病预防控制机构报告有关信息。

检验检测机构等应当按照国务院疾病预防控制部门的规定，向所在地疾病预防控制机构报告与传染病防治有关的信息。

第四十八条 任何单位和个人发现传染病患者、疑似患者时，应当及时向附近的疾病预防控制机构、医疗机构或者疾病预防控制部门报告。

疾病预防控制部门应当公布热线电话等，畅通报告途径，确保及时接收、调查和处理相关报告信息。

第四十九条 疾病预防控制机构应当设立或者指定专门的部门、人员负责传染病疫情信息管理工作，主动收集、分析、调查、核实传染病疫情信息。

疾病预防控制机构接到甲类传染病、新发传染病、突发原因不明的传染病报告或者发现传染病暴发、流行时，应当于两小时内完成传染病疫情信息核实以及向同级卫生健康主管部门、疾病预防控制部门和上级疾病预防控制机构报告的工作。疾病预防控制部门接到报告后应当立即报告同级人民政府，同时报告上一级人民政府卫生健康主管部门、疾病预防控制部门和国务院卫生健康主管部门、疾病预防控制部门。

第五十条　任何单位或者个人不得干预传染病疫情报告。

依照本法规定负有传染病疫情报告职责的人民政府有关部门、疾病预防控制机构、医疗机构、采供血机构及其工作人员，不得隐瞒、谎报、缓报、漏报传染病疫情。

第五十一条　对及时发现并报告新发传染病、突发原因不明的传染病的单位和个人，按照国家有关规定给予奖励。

对经调查排除传染病疫情的，报告的单位和个人不承担法律责任。

第五十二条　国家建立健全传染病疫情风险评估制度。

疾病预防控制机构应当及时分析传染病和健康危害因素相关信息，评估发生传染病疫情的风险、可能造成的影响以及疫情发展态势。

第五十三条　国家建立健全传染病预警制度。

疾病预防控制机构根据传染病监测信息和传染病疫情风险评估结果，向社会发布健康风险提示；发现可能发生突发公共卫生事件，经评估认为需要发布预警的，向同级疾病预防控制部门提出发布预警的建议。疾病预防控制部门收到建议后应当及时组织专家进行分析研判，需要发布预警的，由卫生健康主管部门、疾病预防控制部门立即向同级人民政府报告。

县级以上人民政府依照有关突发公共卫生事件应对的法律、行政法规和国务院规定的权限和程序，决定向社会发布预警。

第五十四条 县级以上地方人民政府疾病预防控制部门应当及时向本行政区域的疾病预防控制机构和医疗机构通报传染病疫情以及监测、预警的相关信息。接到通报的疾病预防控制机构和医疗机构应当及时报告本机构的主要负责人，并告知本机构的有关人员。

第五十五条 国务院疾病预防控制部门应当及时向省级人民政府疾病预防控制部门和中央军事委员会负责卫生工作的部门通报全国传染病疫情以及监测、预警的相关信息。中央军事委员会负责卫生工作的部门发现传染病疫情时，应当向国务院疾病预防控制部门通报。

毗邻或者相关地区的地方人民政府疾病预防控制部门，应当及时相互通报本行政区域的传染病疫情以及监测、预警的相关信息。

第五十六条 县级以上人民政府疾病预防控制部门与同级人民政府教育、公安、民政、司法行政、生态环境、农业农村、市场监督管理、林业草原、中医药等部门建立传染病疫情通报机制，及时共享传染病疫情信息。

传染病暴发、流行时，国务院卫生健康、疾病预防控制、外交、工业和信息化、公安、交通运输、铁路、民用航空、海关、移民管理等部门以及中国人民解放军、中国人民武装警察部队的有关单位和部门等建立工作机制，及时共享传染病疫情信息。

第五十七条 国家建立健全传染病疫情信息公布制度。

国务院疾病预防控制部门定期向社会公布全国传染病疫情信息。县级以上地方人民政府疾病预防控制部门定期向社会公布本行政区域的传染病疫情信息。

传染病暴发、流行时，县级以上地方人民政府疾病预防控制部门应当及时、准确地向社会公布本行政区域传染病名称、流行传播范围以及确诊病例、疑似病例、死亡病例数量等传染病疫情信息。传染病跨省级行政区域暴发、流行时，国务院疾病预防控制部门应当及时、准确地向社会公布上述信息。

县级以上人民政府疾病预防控制部门发现虚假或者不完整传染病疫情信息的，应当及时发布准确的信息予以澄清。

传染病疫情信息公布的具体办法由国务院疾病预防控制部门制定。

第四章 疫情控制

第五十八条 医疗机构、疾病预防控制机构发现甲类传染病时，应当立即采取下列措施，并向县级以上地方人民政府疾病预防控制部门报告：

（一）对甲类传染病患者、病原携带者，予以隔离治疗、医学观察；

（二）对甲类传染病疑似患者，确诊前单独隔离治疗；

（三）对甲类传染病患者、病原携带者、疑似患者的密切接触者，予以医学观察，并采取其他必要的预防措施。

医疗机构、疾病预防控制机构对甲类传染病患者、病原携带者、疑似患者以及上述人员的密切接触者采取隔离治疗、医学观察措施，应当根据国家有关规定和医学检查结果科学合理确定具体人员范围和期限，并根据情况变化及时调整。采取隔离治疗、医学观察措施，不得超出规定的范围和期限。

医疗机构、疾病预防控制机构应当向甲类传染病患者、病原携带者、疑似患者以及上述人员的密切接触者书面告知诊断或者判定结果和依法应当采取的措施。

甲类传染病患者、病原携带者、疑似患者以及上述人员的密切接触者应当主动接受和配合医学检查、隔离治疗、医学观察等措施。

拒绝隔离治疗、医学观察或者隔离治疗、医学观察的期限未满擅自脱离的，由公安机关协助医疗机构、疾病预防控制机构采取强制隔离治疗、医学观察措施。

第五十九条　医疗机构、疾病预防控制机构接到其他单位和个人报告甲类传染病的，有关甲类传染病患者、疑似患者的移交按照国务院疾病预防控制部门的规定执行。

第六十条　医疗机构发现乙类或者丙类传染病患者时，应当根据病情采取必要的治疗和控制传播措施。

县级以上地方人民政府疾病预防控制部门指定的医疗机构对肺结核患者进行治疗；对具有传染性的肺结核患者进行耐药检查和规范隔离治疗，对其密切接触者进行筛查。基层医疗卫生机构对肺结核患者进行健康管理。具体办法由国务院疾病预防控制部门拟订，报国务院卫生健康主管部门审核、发布。

第六十一条　医疗机构对本机构内被传染病病原体污染的场所、物品以及医疗废物、医疗污水，应当依照有关法律、行政法规的规定实施消毒和无害化处置。

第六十二条　疾病预防控制机构发现传染病疫情或者接到传染病疫情报告时，应当及时采取下列措施：

（一）对传染病疫情进行流行病学调查，根据调查情况提出对受影响的相关区域的防控建议，对被污染的场所进行卫生处理，判定密切接触者，指导做好对密切接触者的管理，并向疾病预防控制部门提出传染病疫情防控方案；

（二）传染病暴发、流行时，对受影响的相关区域进行卫生处理，向疾病预防控制部门提出传染病疫情防控方案，并按照传染病疫情防控相关要求采取措施；

（三）指导下级疾病预防控制机构、医疗机构实施传染病预防、控制措施，组织、指导有关单位对传染病疫情的处理。

有关单位和个人应当接受和配合疾病预防控制机构开展流行病学调查，如实提供信息。疾病预防控制机构开展流行病学调查，需要有关部门和单位协助的，有关部门和单位应当予以协助。

发生传染病疫情时，疾病预防控制机构和省级以上人民政府疾病预防控制部门指派的其他与传染病有关的专业技术机构，可以进入受影响的相关区域进行调查、采集样本、技术分析和检验检测。被调查单位和个人应当如实提供信息；任何单位或者个人不得隐瞒信息、阻碍调查。

第六十三条 传染病暴发、流行时，县级以上地方人民政府应当立即组织力量，按照传染病预防控制应急预案进行防治，控制传染源，切断传染病的传播途径；发生重大传染病疫情，经评估必要时，可以采取下列紧急措施：

（一）限制或者停止集市、影剧院演出或者其他人群聚集的活动；

（二）停工、停业、停课；

（三）封闭或者封存被传染病病原体污染的公共饮用水源、食品以及相关物品；

（四）控制或者扑杀、无害化处理染疫动物；

（五）封闭可能造成传染病扩散的场所；

（六）防止传染病传播的其他必要措施。

县级以上地方人民政府采取前款规定的紧急措施，应当同时向上一级人民政府报告。接到报告的上级人民政府认为采取的紧急措施不适当的，应当立即调整或者撤销。

必要时，国务院或者国务院授权的部门可以决定在全国或者部分区域采取本条第一款规定的紧急措施。

第六十四条　对已经发生甲类传染病病例的场所或者该场所内的特定区域的人员，所在地县级以上地方人民政府可以实施隔离措施，同时向上一级人民政府报告。接到报告的上级人民政府认为实施的隔离措施不适当的，应当立即调整或者撤销。

被实施隔离措施的人员应当予以配合；拒绝执行隔离措施的，由公安机关协助疾病预防控制机构采取强制隔离措施。

第六十五条　发生新发传染病、突发原因不明的传染病，县级以上地方人民政府经评估认为确有必要的，可以预先采取本法规定的甲类传染病预防、控制措施，同时向上一级人民政府报告。接到报告的上级人民政府认为预先采取的预防、控制措施不适当的，应当立即调整或者撤销。

第六十六条　因甲类、乙类传染病发生重大传染病疫情时，县级以上地方人民政府报经上一级人民政府决定，可以对进入或者离开本行政区域受影响的相关区域的人员、物资和交通工具实施卫生检疫。

因甲类传染病发生重大传染病疫情时，省级人民政府可以决定对本行政区域受影响的相关区域实施封锁；封锁大、中城市或者跨省级行政区域的受影响的相关区域，以及因封锁导致中断干线交通或者封锁国境的，由国务院决定。

第六十七条　依照本法第六十三条至第六十六条规定采取传染病疫情防控措施时，决定采取措施的机关应当向社会发布公告，明确措施的具体内容、实施范围和实施期限，并进行必要的解释说明。相关疫情防控措施的解除，由原决定机关决定并宣布。

采取前款规定的措施期间，当地人民政府应当保障食品、饮用水等基本生活必需品的供应，提供基本医疗服务，维护社会稳定；对未成年人、老年人、残疾人、孕产期和哺乳期的妇女以及需要及时救治的伤病人员等群体给予特殊照顾和安排，并确保相关人员获得医疗救治。当地人民政府应当公布求助电话等，畅通求助途径，及时向有需求的人员提供帮助。

因采取本法第五十八条、第六十三条至第六十六条规定的措施导致劳动者不能工作的，用人单位应当保留其工作，按照规定支付其在此期间的工资、发放生活费。用人单位可以按照规定享受有关帮扶政策。

第六十八条　发生甲类传染病时，为了防止该传染病通过交通工具及其乘运的人员、物资传播，省级人民政府可以决定实施交通卫生检疫。具体办法由国务院制定。

第六十九条　发生重大传染病疫情时，根据传染病疫情防控的需要，国务院及其有关部门有权在全国或者跨省级行政区域范围内，县级以上地方人民政府及其有关部门有权在本行政区域内，紧急调集人员或者调用储备物资，临时征用房屋、交通工具以及相关设施、设备、场地和其他物资，要求有关单位和个人提供技术支持。

紧急调集人员的，应当按照规定给予合理报酬。临时征用房屋、交通工具以及相关设施、设备、场地和其他物资，要求有关单位和个人提供技术支持的，应当依法给予公平、合理的补偿；能返还的，应当及时返还。

第七十条　医疗机构、疾病预防控制机构、检验检测机构应当按照传染病检验检测技术规范和标准开展检验检测活动，加强检验检测质量控制。

第七十一条　患甲类传染病、炭疽死亡的，应当将其尸体立即进行卫生处理，就近火化；患其他传染病死亡的，必要时应当将其尸体进行卫生处理后火化或者按照规定深埋。对尸体进行火化或者深埋应当及时告知死者家属。

为了查找传染病病因，医疗机构在必要时可以按照国务院卫生健康主管部门、疾病预防控制部门的规定，对传染病患者尸体或者疑似传染病患者尸体进行解剖查验，并应当及时告知死者家属。对尸体进行解剖查验应当在符合生物安全条件的场所进行。

第七十二条 本法第六十六条规定的受影响的相关区域中被传染病病原体污染或者可能被传染病病原体污染的物品，经消毒可以使用的，应当在疾病预防控制机构的指导下，进行消毒处理后，方可使用、出售和运输。

第七十三条 传染病暴发、流行时，有关生产、供应单位应当及时生产、供应传染病疫情防控所需的药品、医疗器械和其他应急物资。交通运输、邮政、快递经营单位应当优先运送参与传染病疫情防控的人员以及传染病疫情防控所需的药品、医疗器械和其他应急物资。县级以上人民政府有关部门应当做好组织协调工作。

第七十四条 单位和个人认为采取本法第五十八条、第六十三条至第六十六条规定的传染病疫情防控措施侵犯其合法权益的，可以向县级以上地方人民政府或者其指定的部门提出申诉，申诉期间相关措施不停止执行。县级以上地方人民政府应当畅通申诉渠道，完善处理程序，确保有关申诉及时处理。

第五章 医疗救治

第七十五条 县级以上人民政府应当加强和完善常

态与应急相结合的传染病医疗救治服务网络建设，指定具备传染病救治条件和能力的医疗机构承担传染病救治任务，根据传染病救治需要设置传染病专科医院。

第七十六条 国家建立健全重大传染病疫情医疗救治体系，建立由传染病专科医院、综合医院、中医医院、院前急救机构、临时性救治场所、基层医疗卫生机构、血站等构成的综合医疗救治体系，对传染病患者进行分类救治，加强重症患者医疗救治，提高重大传染病疫情医疗救治能力。

第七十七条 医疗机构应当对传染病患者、疑似患者提供医疗救护、现场救援和接诊治疗，按照规定填写并妥善保管病历记录以及其他有关资料。

医疗机构应当按照国务院卫生健康主管部门的规定设置发热门诊，加强发热门诊标准化建设，优化服务流程，提高服务能力。

医疗机构应当实行传染病预检、分诊制度；对传染病患者、疑似患者，应当引导至相对隔离的分诊点进行初诊。医疗机构不具备相应救治能力的，应当将传染病患者、疑似患者及其病历记录一并转至具备相应救治能力的医疗机构。转诊过程中，对传染病患者、疑似患者应当采取必要的防护措施。

第七十八条 医疗机构应当按照传染病诊断标准和治疗要求采取相应措施，充分发挥中西医各自优势，加强中西医结合，提高传染病诊断和救治能力。

国家支持和鼓励医疗机构结合自身特色，加强传染病诊断和救治研究。

第七十九条　国家鼓励传染病防治用药品、医疗器械的研制和创新，对防治传染病急需的药品、医疗器械予以优先审评审批。

因重大传染病疫情医疗救治紧急需要，医师可以按照国家统一制定的诊疗方案，在一定范围和期限内采用药品说明书中未明确的药品用法进行救治。

发生重大传染病疫情，构成特别重大突发公共卫生事件的，国务院卫生健康主管部门根据传染病预防、控制和医疗救治需要提出紧急使用药物的建议，经国务院药品监督管理部门组织论证同意后可以在一定范围和期限内紧急使用。

第八十条　国家建立重大传染病疫情心理援助制度。县级以上地方人民政府应当组织专业力量，定期开展培训和演练；发生重大传染病疫情时，对传染病患者、接受医学观察的人员、病亡者家属、相关工作人员等重点人群以及社会公众及时提供心理疏导和心理干预等服务。

第六章　保障措施

第八十一条　国家将传染病防治工作纳入国民经济和社会发展规划，县级以上地方人民政府将传染病防治工作纳入本行政区域的国民经济和社会发展规划。

第八十二条　县级以上地方人民政府按照本级政府职责，负责本行政区域传染病预防、控制工作经费。

国务院卫生健康主管部门、疾病预防控制部门会同国务院有关部门，根据传染病流行趋势，确定全国传染病预防、监测、预测、预警、控制、救治、监督检查等项目。各级财政按照事权划分做好经费保障。

省级人民政府根据本行政区域传染病流行趋势，在国务院卫生健康主管部门、疾病预防控制部门确定的项目基础上，确定传染病预防、监测、检测、风险评估、预测、预警、控制、救治、监督检查等项目，并保障项目的实施经费。

第八十三条　县级以上人民政府应当按照规定落实疾病预防控制机构基本建设、设备购置、学科建设、人才培养等相关经费；对其他医疗卫生机构承担疾病预防控制任务所需经费按照规定予以保障。

第八十四条　国家加强基层传染病防治体系建设，扶持欠发达地区、民族地区和边境地区的传染病防治工作。

地方各级人民政府应当保障基层传染病预防、控制工作的必要经费。

第八十五条　国家加强医疗机构疾病预防控制能力建设，持续提升传染病专科医院、综合医院的传染病监测、检验检测、诊断和救治、科学研究等能力和水平。

国家创新医防协同、医防融合机制，推进医疗机构与疾病预防控制机构深度协作。

第八十六条 国家加强传染病防治人才队伍建设，推动传染病防治相关学科建设。

开设医学专业的院校应当加强预防医学教育和科学研究，对在校医学专业学生以及其他与传染病防治相关的人员进行预防医学教育和培训，为传染病防治工作提供专业技术支持。

疾病预防控制机构、医疗机构等应当定期对其工作人员进行传染病防治知识、技能的培训。

第八十七条 县级以上人民政府应当加强疾病预防控制信息化建设，将其纳入全民健康信息化建设。

县级以上人民政府应当建立传染病预防控制信息共享机制，利用全民健康信息平台、政务数据共享平台、应急管理信息系统等，共享并综合应用相关数据。

国家加强传染病防治相关网络安全和数据安全管理工作，提高技术防范水平。

第八十八条 对符合国家规定的传染病医疗费用，基本医疗保险按照规定予以支付。

对患者、疑似患者治疗甲类传染病以及依照本法规定采取甲类传染病预防、控制措施的传染病的医疗费用，基本医疗保险、大病保险、医疗救助等按照规定支付后，其个人负担部分，政府按照规定予以补助。

国家对患有特定传染病的困难人群实行医疗救助，

减免医疗费用。

国家鼓励商业保险机构开发传染病防治相关保险产品。

第八十九条 国家建立健全公共卫生应急物资保障体系，提高传染病疫情防控应急物资保障水平，县级以上人民政府发展改革部门统筹防控应急物资保障工作。

国家加强医药储备，将传染病防治相关药品、医疗器械、卫生防护用品等物资纳入公共卫生应急物资保障体系，实行中央和地方两级储备。

国务院工业和信息化部门会同国务院有关部门，根据传染病预防、控制和公共卫生应急准备的需要，加强医药实物储备、产能储备、技术储备，指导地方开展医药储备工作，完善储备调整、调用和轮换机制。

第九十条 国家建立少见罕见传染病和境内已消除的传染病防治能力储备机制，支持相关疾病预防控制机构、医疗机构、科研机构持续开展相关培训、基础性和应用性研究、现场防治等工作，支持相关专家参与国际防控工作，持续保持对上述传染病进行识别、检验检测、诊断和救治的能力。

第九十一条 对从事传染病预防、医疗、科研、教学和现场处理疫情的人员，以及在生产、工作中接触传染病病原体的其他人员，按照国家规定采取有效的卫生防护措施和医疗保健措施，并给予适当的津贴。

第七章 监督管理

第九十二条 县级以上人民政府应当定期研究部署重大传染病疫情防控等疾病预防控制工作，定期向社会发布传染病防治工作报告，向本级人民代表大会常务委员会报告传染病防治工作，依法接受监督。

县级以上人民政府对下级人民政府履行传染病防治职责进行监督。地方人民政府未履行传染病防治职责的，上级人民政府可以对其主要负责人进行约谈。被约谈的地方人民政府应当立即采取措施进行整改，约谈和整改情况应当纳入地方人民政府工作评议、考核记录。履行传染病防治职责不力、失职失责，造成严重后果或者恶劣影响的，依法进行问责。

第九十三条 县级以上人民政府疾病预防控制部门对传染病防治工作履行下列监督检查职责：

（一）对下级人民政府疾病预防控制部门履行本法规定的职责进行监督检查；

（二）对疾病预防控制机构、医疗机构、采供血机构的传染病预防、控制工作进行监督检查；

（三）对用于传染病防治的消毒产品及其生产企业、饮用水供水单位以及涉及饮用水卫生安全的产品进行监督检查；

（四）对公共场所、学校、托育机构的卫生条件和传染病预防、控制措施进行监督检查。

县级以上人民政府卫生健康、疾病预防控制等部门依据职责对病原微生物菌（毒）种和传染病检测样本的采集、保藏、提供、携带、运输、使用进行监督检查。

第九十四条 县级以上人民政府卫生健康主管部门、疾病预防控制部门在履行监督检查职责时，有权进入传染病疫情发生现场及相关单位，开展查阅或者复制有关资料、采集样本、制作现场笔录等调查取证工作。被检查单位应当予以配合，不得拒绝、阻挠。

第九十五条 县级以上地方人民政府疾病预防控制部门在履行监督检查职责时，发现可能被传染病病原体污染的公共饮用水源、食品以及相关物品，如不及时采取控制措施可能导致传染病传播、暴发、流行的，应当采取封闭公共饮用水源、封存食品以及相关物品或者暂停销售的临时控制措施，并予以检验或者进行消毒处理。经检验，对被污染的食品，应当予以销毁；对未被污染的食品或者经消毒处理后可以使用的物品，应当及时解除控制措施。

根据县级以上地方人民政府采取的传染病预防、控制措施，市场监督管理部门可以采取封存或者暂停销售可能导致传染病传播、暴发、流行的食品以及相关物品等措施。

第九十六条 县级以上人民政府卫生健康主管部

门、疾病预防控制部门工作人员依法执行职务时，应当不少于两人，并出示执法证件，填写执法文书。

执法文书经核对无误后，应当由执法人员和当事人签名。当事人拒绝签名的，执法人员应当注明情况。

第九十七条　县级以上人民政府卫生健康主管部门、疾病预防控制部门应当依法建立健全内部监督制度，对其工作人员依据法定职权和程序履行职责的情况进行监督。

上级人民政府卫生健康主管部门、疾病预防控制部门发现下级人民政府卫生健康主管部门、疾病预防控制部门不及时处理职责范围内的事项或者不履行职责的，应当责令纠正或者直接予以处理。

第九十八条　县级以上人民政府卫生健康主管部门、疾病预防控制部门和其他有关部门应当依法履行职责，自觉接受社会监督。

任何单位和个人对违反本法规定的行为，有权向县级以上人民政府及其卫生健康主管部门、疾病预防控制部门和有关机关举报。接到举报的机关应当及时调查、处理。对查证属实的举报，按照规定给予举报人奖励。县级以上人民政府及其卫生健康主管部门、疾病预防控制部门和有关机关应当对举报人的信息予以保密，保护举报人的合法权益。

第九十九条　卫生健康、疾病预防控制等部门发现涉嫌传染病防治相关犯罪的，应当按照有关规定及时将案件移送公安机关。对移送的案件，公安机关应当及时审查处理。

对依法不需要追究刑事责任或者免予刑事处罚，但依法应当追究行政责任的，公安机关、人民检察院、人民法院应当及时将案件移送卫生健康、疾病预防控制等部门，有关部门应当依法处理。

公安机关、人民检察院、人民法院商请卫生健康、疾病预防控制等部门提供检验检测结论、认定意见以及对涉案物品进行无害化处置等协助的，有关部门应当及时予以协助。

第八章 法律责任

第一百条 违反本法规定，地方各级人民政府未依法履行报告职责，隐瞒、谎报、缓报、漏报传染病疫情，干预传染病疫情报告，或者在传染病暴发、流行时未依法组织救治、采取控制措施的，由上级人民政府责令改正，通报批评；情节严重的，对负有责任的领导人员和直接责任人员依法给予处分。

第一百零一条 违反本法规定，县级以上人民政府卫生健康主管部门、疾病预防控制部门有下列情形之一的，由本级人民政府或者上级人民政府卫生健康主管部门、疾病预防控制部门责令改正，通报批评；情节严重的，对负有责任的领导人员和直接责任人员依法给予处分：

（一）未依法履行传染病疫情通报、报告或者公布职责，隐瞒、谎报、缓报、漏报传染病疫情，或者干预传染病疫情报告；

（二）发生或者可能发生传染病传播时未依法采取预防、控制措施；

（三）未依法履行监督检查职责，或者发现违法行为不及时查处；

（四）未及时调查、处理对下级人民政府卫生健康主管部门、疾病预防控制部门不履行传染病防治职责的举报；

（五）违反本法规定的其他失职、渎职行为。

第一百零二条 违反本法规定，县级以上人民政府有关部门未依法履行传染病防治、疫情通报和保障职责的，由本级人民政府或者上级人民政府有关部门责令改正，通报批评；情节严重的，对负有责任的领导人员和直接责任人员依法给予处分。

第一百零三条 违反本法规定，疾病预防控制机构有下列情形之一的，由县级以上人民政府疾病预防控制部门责令改正，给予警告或者通报批评，对直接负责的主管人员和其他直接责任人员依法给予处分，并可以由原发证部门依法吊销有关责任人员的执业证书：

（一）未依法履行传染病监测、疫情风险评估职责；

（二）未依法履行传染病疫情报告职责，隐瞒、谎报、缓报、漏报传染病疫情，或者干预传染病疫情报告；

（三）未主动收集传染病疫情信息，或者对传染病疫情信息和疫情报告未及时进行分析、调查、核实；

（四）发现传染病疫情或者接到传染病疫情报告时，未依据职责及时采取本法规定的措施；

（五）未遵守国家有关规定，导致因使用血液制品引起经血液传播疾病的发生。

第一百零四条 违反本法规定，医疗机构有下列情形之一的，由县级以上人民政府疾病预防控制部门责令改正，给予警告或者通报批评，可以并处十万元以下罚款；情节严重的，可以由原发证部门或者原备案部门依法吊销医疗机构执业许可证或者责令停止执业活动，对直接负责的主管人员和其他直接责任人员依法给予处分，并可以由原发证部门责令有关责任人员暂停六个月以上一年以下执业活动直至依法吊销执业证书：

（一）未按照规定承担本机构的传染病预防、控制工作，医疗机构感染控制任务或者责任区域内的传染病预防工作；

（二）未按照规定报告传染病疫情，隐瞒、谎报、缓报、漏报传染病疫情，或者干预传染病疫情报告；

（三）未按照规定对本机构内被传染病病原体污染的场所、物品以及医疗废物、医疗污水实施消毒或者无害化处置。

违反本法规定，医疗机构有下列情形之一的，由县级以上人民政府卫生健康主管部门依照前款规定给予行政处罚，对直接负责的主管人员和其他直接责任人员依法给予处分：

（一）发现传染病疫情时，未按照规定对传染病患者、疑似患者提供医疗救护、现场救援、接诊治疗、转诊，或者拒绝接受转诊；

（二）未遵守国家有关规定，导致因输入血液、使用血液制品引起经血液传播疾病的发生。

医疗机构未按照规定对使用的医疗器械进行消毒或者灭菌，或者对按照规定一次性使用的医疗器械使用后未予以销毁、再次使用的，依照有关医疗器械管理的法律、行政法规规定追究法律责任。

第一百零五条　违反本法规定，采供血机构未按照规定报告传染病疫情，隐瞒、谎报、缓报、漏报传染病疫情，或者干预传染病疫情报告的，由县级以上人民政府疾病预防控制部门责令改正，给予警告或者通报批评，可以并处十万元以下罚款；情节严重的，可以由原发证部门依法吊销采供血机构的执业许可证，对直接负责的主管人员和其他直接责任人员依法给予处分，并可以由原发证部门责令有关责任人员暂停六个月以上一年以下执业活动直至依法吊销执业证书。

采供血机构未执行国家有关规定，导致因输入血液引起经血液传播疾病发生的，由县级以上人民政府卫生健康主管部门依照前款规定给予行政处罚，对直接负责的主管人员和其他直接责任人员依法给予处分。

非法采集血液或者组织他人出卖血液的，由县级以上人民政府卫生健康主管部门责令停止违法行为，没收违法所得，并处五万元以上五十万元以下罚款。

第一百零六条 违反本法规定，交通运输、邮政、快递经营单位未优先运送参与传染病疫情防控的人员以及传染病疫情防控所需的药品、医疗器械和其他应急物资的，由交通运输、铁路、民用航空、邮政管理部门依据职责责令改正，给予警告；造成严重后果的，并处一万元以上十万元以下罚款，对直接负责的主管人员和其他直接责任人员依法给予处分。

第一百零七条 违反本法规定，有下列情形之一的，由县级以上人民政府疾病预防控制部门责令改正，给予警告，没收违法所得，可以并处二十万元以下罚款；情节严重的，可以由原发证部门依法吊销相关许可证，对直接负责的主管人员和其他直接责任人员可以禁止其五年内从事相应生产经营活动：

（一）饮用水供水单位未取得卫生许可擅自供水，或者供应的饮用水不符合国家卫生标准和卫生规范造成或者可能造成传染病传播、暴发、流行；

（二）生产、销售未取得卫生许可的涉及饮用水卫生安全的产品，或者生产、销售的涉及饮用水卫生安全的产品不符合国家卫生标准和卫生规范；

（三）未取得卫生许可生产用于传染病防治的消毒产品，或者生产、销售的用于传染病防治的消毒产品不符合国家卫生标准和卫生规范；

（四）生产、销售未取得卫生许可的利用新材料、新工艺技术和新杀菌原理生产的消毒剂和消毒器械；

（五）出售、运输本法第六十六条规定的受影响的相关区域中被传染病病原体污染或者可能被传染病病原体污染的物品，未进行消毒处理。

第一百零八条 违反本法规定，有下列情形之一的，由县级以上人民政府卫生健康、疾病预防控制等部门依据职责责令改正，给予警告或者通报批评，没收违法所得，可以并处十万元以下罚款；情节严重的，可以由原发证部门依法吊销相关许可证，对直接负责的主管人员和其他直接责任人员依法给予处分，并可以由原发证部门责令有关责任人员暂停六个月以上一年以下执业活动直至依法吊销执业证书：

（一）疾病预防控制机构、医疗机构的实验室和从事病原微生物实验的单位，不符合国家规定的条件和技术标准，对传染病病原体和样本未按照规定的措施实行严格管理；

（二）违反国家有关规定，采集、保藏、提供、携带、运输、使用病原微生物菌（毒）种和传染病检测样本；

（三）医疗机构、疾病预防控制机构、检验检测机构未按照传染病检验检测技术规范和标准开展检验检测活动，或者出具虚假检验检测报告；

（四）生产、销售应当备案而未备案的消毒剂、消毒器械以及抗（抑）菌剂；

（五）公共场所、学校、托育机构的卫生条件和传染病预防、控制措施不符合国家卫生标准和卫生规范。

第一百零九条　违反本法规定，在国家确认的自然疫源地兴建水利、交通、旅游、能源等大型建设项目，未经卫生调查进行施工，或者未按照疾病预防控制机构的意见采取必要的传染病预防、控制措施的，由县级以上人民政府疾病预防控制部门责令限期改正，给予警告，并处十万元以上五十万元以下罚款；逾期不改正的，处五十万元以上一百万元以下罚款，提请有关人民政府依据职责权限责令停建、拆除，对直接负责的主管人员和其他直接责任人员依法给予处分。

第一百一十条　违反本法规定，县级以上人民政府卫生健康主管部门、疾病预防控制部门或者其他有关部门未依法履行个人信息保护义务的，由本级人民政府或者上级人民政府有关部门责令改正，通报批评；情节严重的，对负有责任的领导人员和直接责任人员依法给予处分。

医疗机构、疾病预防控制机构泄露传染病患者、病原携带者、疑似患者或者上述人员的密切接触者的个人隐私或者个人信息的，由县级以上人民政府卫生健康主管部门、疾病预防控制部门依据职责责令改正，给予警告或者通报批评，可以并处五万元以下罚款，对直接负责的主管人员和其他直接责任人员依法给予处分，对有关责任人员依照有关医师、护士管理等法律、行政法规规定追究法律责任。

传染病防治中其他未依法履行个人信息保护义务的，依照有关个人信息保护的法律、行政法规规定追究法律责任。

第一百一十一条 违反本法规定，有下列情形之一的，由县级以上人民政府疾病预防控制部门责令改正，给予警告，对违法的单位可以并处二万元以下罚款，对违法的个人可以并处一千元以下罚款；情节严重的，由原发证部门依法吊销相关许可证或者营业执照：

（一）拒不执行人民政府及其有关部门依法采取的传染病疫情防控措施；

（二）拒不接受和配合疾病预防控制机构依法采取的传染病疫情防控措施；

（三）拒不接受和配合疾病预防控制机构开展的流行病学调查，或者在流行病学调查中故意隐瞒传染病病情、传染病接触史或者传染病暴发、流行地区旅行史；

（四）甲类传染病患者、病原携带者、疑似患者或者上述人员的密切接触者拒绝接受和配合依法采取的隔离治疗、医学观察措施，或者隔离治疗、医学观察的期限未满擅自脱离；

（五）故意传播传染病；

（六）故意编造、散布虚假传染病疫情信息；

（七）其他妨害依法采取的传染病疫情防控措施的行为。

安排传染病患者、病原携带者、疑似患者从事法律、行政法规和国务院疾病预防控制部门规定禁止从事的易使该传染病扩散的工作的，由县级以上人民政府疾病预防控制部门责令改正，给予警告，可以并处二万元以下罚款；法律、行政法规另有规定的，依照其规定。

第一百一十二条　违反本法规定，造成人身、财产损害的，依法承担民事责任；构成违反治安管理行为的，依法给予治安管理处罚；构成犯罪的，依法追究刑事责任。

第九章　附　　则

第一百一十三条　本法中下列用语的含义：

（一）重大传染病疫情，是指造成或者可能造成公众生命安全和身体健康严重损害的传染病疫情。

（二）传染病患者、疑似患者，是指根据国务院卫生健康主管部门、疾病预防控制部门发布的传染病诊断标准，符合传染病患者、疑似患者诊断标准的人。

（三）病原携带者，是指感染传染病病原体无临床症状但能排出病原体的人。

（四）流行病学调查，是指对人群中疾病或者健康状况的分布及其决定因素进行调查研究，提出疾病预防、控制措施及保健对策。

（五）人畜共患传染病，是指人与脊椎动物共同罹患的传染病，如鼠疫、狂犬病、血吸虫病、包虫病等。

（六）自然疫源地，是指某些可引起人类传染病的病原体在自然界的野生动物中长期存在和循环的地区。

（七）病媒生物，是指能够将传染病病原体从人或者其他动物传播给人的生物，如鼠、蚊、蝇、蚤类等。

（八）医疗机构感染，是指在医疗机构内获得的感染，包括在医疗机构内发生的感染和在医疗机构内获得、离开医疗机构后发生的感染，但不包括进入医疗机构前已开始或者已处于潜伏期的感染。医疗机构工作人员在医疗机构内获得的感染也属医疗机构感染。

（九）实验室感染，是指从事实验室工作时，因接触传染病病原体所致的感染。

（十）消毒，是指用化学、物理、生物的方法杀灭或者消除环境中的病原微生物。

（十一）疾病预防控制机构，是指从事疾病预防控制活动的疾病预防控制中心以及铁路疾病预防控制机构等与上述机构业务活动相同的单位。

（十二）医疗机构，是指依法取得医疗机构执业许可证或者进行备案，从事疾病诊断、治疗活动的机构。

（十三）暴发，是指在局部地区或者集体单位短时间内突然出现很多症状相同的患者。这些患者多有相同的传染源或者传播途径，大多数患者常同时出现在该病的最短和最长潜伏期之间。

（十四）流行，是指在某地区某病的发病率显著超过该病历年发病率水平。

第一百一十四条　传染病防治中有关突发公共卫生事件的应对，本法未作规定的，适用有关突发公共卫生事件应对的法律、行政法规规定。

第一百一十五条　本法自 2025 年 9 月 1 日起施行。

关于《中华人民共和国传染病防治法（修订草案）》的说明

——2023年10月20日在第十四届全国人民代表大会常务委员会第六次会议上

国家卫生健康委员会副主任、
国家疾病预防控制局局长　王贺胜

委员长、各位副委员长、秘书长、各位委员：

我受国务院委托，现对《中华人民共和国传染病防治法（修订草案）》（以下简称《修订草案》）作说明。

一、修订背景和过程

习近平总书记高度重视传染病疫情依法防控工作，新冠疫情发生以来，作出一系列重要指示批示，强调要强化公共卫生法治保障，全面加强和完善公共卫生领域相关法律法规建设，有针对性地推进传染病防治法等法律制定和修订工作，加快构建系统完备、科学规范、运行高效的公共卫生法律法规体系。李强总理要求及时研判，做好预测预警，制定完善不同情景下的疫情应对预案，不断加强医疗卫生服务体系建设，加快疫苗和药物的研发，加强与国际社会的合作和协调。蔡奇、丁薛祥、尹力、刘国中、李书磊、王小洪、吴政隆等领导同志对做好新冠疫情防控工作提出要求。

传染病防治法于1989年公布施行，分别于2004年、2013年进行了全面修订和部分修改。传染病防治法的实施，对有效防治传染病、保障人民群众生命健康发挥了重要作用。同时，新冠疫情也暴露出现行法律制度在疫情监测预警、重大疫情防控救治、应急物资保障等方面存在短板和不足，需要有针对性地补短板、堵漏洞、强弱项，将疫情防控中行之有效的做法上升为法律规范，进一步强化公共卫生法治保障。

按照党中央、国务院决策部署，国家卫生健康委起草了《中华人民共和国传染病防治法（修订草案送审稿）》，征求有关方面意见、向社会公开征求意见并修改完善后报送国务院。司法部积极推进审查工作，征求了中央有关部门、省级人民政府和专业机构等方面意见，赴地方调研，组织专家论证，会同国家卫生健康委、国家疾控局修改形成《修订草案》。《修订草案》已经国务院常务会议讨论通过。

二、修订的总体思路

《修订草案》在总体思路上主要把握了以下几点：一是坚持以习近平新时代中国特色社会主义思想为指导，贯彻落实党的二十大精神，坚持人民至上、生命至上，防范化解公共卫生领域重大风险。二是认真总结在党中央集中统一领导下防控新冠疫情的成功经验，完善重大疫情防控体制机制，加强防控救治体系和应急能力建设。三是坚持科学精准防控，高效统筹疫情防控和经济社会发展。四是坚持问题导向，围绕疫情防控中暴露出的短板和社会各方关注的问题，有针对性地完善制度。五是注意与国境卫生检疫法、突发公共卫生事件应对法等法律制修订工作的统筹衔接，形成制度合力。

三、修订的主要内容

（一）完善传染病防治体制机制，压实“四方责任”。一是坚持党对传染病防治工作的领导，充分发挥在党中央集中统一领导下统筹各方面力量的制度优势。二是健全联防联控、分工协作的机制。政府加强传染病防治工作，明确部门职责，建立联防联控机制，强化部门协调联动。三是落实疾病预防控制体系改革部署，建立健全城乡一体、上下联动、功能完备的疾病预防控制网络。四是落实单位、个人责任，加强基层防控工作，实行群防群控。五是完善传染病病种分类制度。明确病种分类标准，并根据历年来病种调整情况更新病种名录。

（二）立足更精准更有效地防，改进传染病预防监测预警报告制度。一是坚持预防为主，开展爱国卫生运动，实行预防接种，强化医疗机构、病原微生物实验室感染防控，加强重点场所防控能力建设。二是加强传染病监测体系建设。建立监测哨点，拓展症状监测，强化联动监测、医防协同、医防融合，建立智慧化多点触发机制，提高监测的敏感性和准确性，及时发现疫情。三是细化传染病预警制度。分析评估疫情风险，向社会发布健康风险提示，必要时由政府发布预警、启动应急响应。四是改进疫情报告制度。明确报告时限和方式，实行网络直报，畅通检验检测机构、社会公众等的报告渠道，建立报告的激励和免责机制，禁止干预报告。五是完善疫情信息公布制度。各级疾病预防控制部门定期公布疫情信息；传染病暴发、流行时，及时、准确公布流行传播范围以及确诊、疑似、死亡病例数等信息。

（三）完善应急处置制度，统筹疫情防控和经济社会发展。一是提高政府应急处置能力。规定疫情应对处置遵循属地管理原则，将采取紧急措施的程序由现行的事前报批制调整为事后报告制，紧急措施不当的，上级政府可以调整或撤销；涉及限制铁路、民航的，按照有关规定权限办理，导致中断干线交通的由国务院决定。二是总结新冠疫情防控经验，增加紧急措施种类，明确对突发原因不明的传染病、新发传染病可以预先采取甲类传染病防控措施。三是强调科学精准防控，统筹疫情防控和经济社会发展。明确采取防控措施应当与疫情的程度、范围等相适应；有多种措施可供选择的，应当选择有利于最大程度保护单位和个人权益、减少对生产生活影响的措施，并根据情况及时调整。四是加强疫情防控中的民生保障。政府应当维持社会基本运行，保障基本生活必需品的供应和医疗服务的提供，对未成年人、老年人、残疾人、孕产期和哺乳期的妇女、需要及时救治的伤病人员等群体予以特殊照顾。五是强化传染病防治中的个人信息保护。强调依法开展个人信息处理活动，确保个人信息安全，不得过度收集信息；疫情防控中采用的个人电子风险提示码不得用于疫情防控以外的用途。

（四）健全疫情救治体系，强化保障措施。一是坚持常态与应急相结合，加强救治服务体系建设，根据患者疾病分型和病情进展情况等进行分类救治。二是强化防控经费保障。明确传染病防控项目，各级财政按事权划分做好经费保障。三是加强救治费用保障。明确对困难人群实行医疗救助；对甲类和“乙类甲管”传染病医疗费用的个人负担部分，按规定给予补助。四是加强疫情防控物资保障。建立健全公共卫生应急物资保障体系，提高疫情防控应急物资保障水平；支持药品研发，加强医药储备，疫情发生时及时组织生产；参照疫苗紧急使用制度，建立药品紧急使用制度。

此外，修订草案完善了法律责任制度。强化政府部门、专业机构的责任；针对疫情防控中出现的拒不执行疫情防控措施、出具虚假检验检测结论、侵害个人信息权益等行为，增设相应法律责任；区分违法行为的性质、情节和危害，细化处罚种类和幅度，确保过罚相当。

《修订草案》和以上说明是否妥当，请审议。

全国人民代表大会宪法和法律委员会关于《中华人民共和国传染病防治法(修订草案)》修改情况的汇报

全国人民代表大会常务委员会：

常委会第六次会议对传染病防治法修订草案进行了初次审议。会后，法制工作委员会将修订草案印发中央有关部门和单位、地方人大、基层立法联系点、高校和科研机构等征求意见；在中国人大网全文公布修订草案，征求社会公众意见；通过代表工作信息化平台，向全国人大代表征求意见。宪法和法律委员会、教育科学文化卫生委员会和法制工作委员会联合召开座谈会，听取全国人大代表、中央有关部门、基层政府、医疗卫生机构、学校等重点场所、行业协会和专家学者对修订草案的意见。宪法和法律委员会、法制工作委员会还到上海、广东等地调研，在北京、广州召开专家座谈会，并就修订草案中的主要问题与有关部门交换意见，共同研究。宪法和法律委员会于8月16日召开会议，根据常委会组成人员的审议意见和各方面的意见，对修订草案进行了逐条审议。教育科学文化卫生委员会、司法部、国家卫生健康委员会、国家疾病预防控制局有关负责同志列席了会议。8月27日，宪法和法律委员会召开会议，再次进行了审议。现将传染病防治法修订草案主要问题修改情况汇报如下：

一、修订草案第三条第一款规定，本法规定的传染病分为甲类、乙类和丙类。有的常委委员、部门、地方和社会公众提出，传染病的范围除本法规定的甲、乙、丙三类已知的传染病外，还应明确包括突发时原因尚不明确的传染病。宪法和法律委员会经研究，考虑到应对突发原因不明的传染病是本次修法的一个重点，有必要在本法的调整范围中予以明确，为此，建议将该款修改为：本法规定的传染病分为甲类传染病、乙类传染病、丙类传染病，以及突发原因不明的传染病等其他传染病。

二、修订草案增加了第三章“传染病监测和预警”一章。有的常委委员提出，该章内容与第四章“疫情报告、通报和公布”的内容有密切关系，建议将两章内容合并。宪法和法律委员会经研究，建议采纳这一意见，并将章名修改为“监测、报告和预警”，对有关内容予以整合、修改，对条文顺序作相应调整。

三、修订草案第五十七条规定了医疗机构、疾病预防控制机构发现甲类传染病时采取的隔离治疗、医学观察等措施。有的常委委员、地方和社会公众提出，隔离治疗、医学观察措施对公民的权利影响较大，应当进一步规范实施程序，完善救济渠道。宪法和法律委员会经研究，建议作以下修改：一是明确医疗机构、疾病预防控制机构对甲类传染病患者、病原携带者、疑似患者以及上述人员的密切接触者采取隔离治疗、医学观察等措施的，应当书面告知诊断或者判定结果和依法应当采取的措施。二是明确有关人员对隔离治疗、医学观察措施有异议的，可以向县级以上地方人民政府疾病预防控制部门申请复核，复核期间相关措施不停止执行。

四、有的常委会组成人员、代表、部门、地方和社会公众提出，传染病防治工作要统筹疫情防控和经济社会发展，采取的措施应当科学适度，建议严格限定有关措施的适用条件，进一步完善疫情控制措施。宪法和法律委员会经研究，建议作以下修改：一是将采取紧急措施的条件限定为“发生重大传染病疫情”。二是将有关疫情控制措施予以整合，增强疫情控制措施的适应性。

五、有的常委会组成人员、代表、部门、地方和社会公众建议做好与正在制定的突发公共卫生事件应对法和现行有关法律规定的衔接，增强立法的系统性、整体性和协同性。宪法和法律委员会经研究，建议增加规定：一是发生重大传染病疫情，构成突发公共卫生事件的，国务院和县级以上地方人民政府依照突发公共卫生事件应对法的规定设立应急指挥机构、启动应急响应。二是传染病防治中有关突发公共卫生事件的应对，本法未作规定的，适用突发公共卫生事件应对法等有关法律、行政法规的规定。

此外，还对修订草案作了一些文字修改。

修订草案二次审议稿已按上述意见作了修改，宪法和法律委员会建议提请本次常委会会议继续审议。

修订草案二次审议稿和以上汇报是否妥当，请审议。

全国人民代表大会宪法和法律委员会

2024年9月10日

全国人民代表大会宪法和法律委员会关于《中华人民共和国传染病防治法(修订草案)》审议结果的报告

全国人民代表大会常务委员会：

常委会第十一次会议对传染病防治法修订草案进行了二次审议。会后，法制工作委员会在中国人大网全文公布修订草案二次审议稿，征求社会公众意见；通过代表工作信息化平台，向全国人大代表征求意见。宪法和法律委员会、法制工作委员会还到江苏、湖北等地和中国疾病预防控制中心调研，并就修订草案中的主要问题与有关部门交换意见，共同研究。宪法和法律委员会于3月31日召开会议，根据常委会组成人员的审议意见和各方面的意见，对修订草案进行了逐条审议。教育科学文化卫生委员会、司法部、国家卫生健康委员会、国家疾病预防控制局有关负责同志列席了会议。4 月 18 日，宪法和法律委员会召开会议，再次进行了审议。宪法和法律委员会认为，为了加强传染病防治工作，健全公共卫生体系，防范公共卫生风险，对传染病防治法进行修订是必要的，修订草案经过两次审议修改，已经比较成熟。同时，提出以下主要修改意见：

一、有的常委委员、地方和社会公众建议进一步明确部门职责，强化主体责任。宪法和法律委员会经研究，建议作以下修改：一是明确国务院疾病预防控制部门及时提出调整各类传染病目录的建议。调整甲类传染病目录，由国务院卫生健康主管部门报经国务院批准后予以公布；调整乙类、丙类传染病目录，由国务院卫生健康主管部门批准、公布。二是明确需要采取、解除本法规定的甲类传染病预防、控制措施的，国务院疾病预防控制部门及时提出建议，由国务院卫生健康主管部门报经国务院批准后予以公布。三是明确国务院疾病预防控制部门拟订国家重点传染病和突发原因不明的传染病预防控制应急预案，由国务院卫生健康主管部门批准、公布。

二、修订草案二次审议稿第五十六条规定了传染病疫情信息公布制度。有的常委委员、代表提出，为防止虚假疫情信息传播，维护正常经济社会秩序，建议有关部门及时发布准确信息予以澄清。宪法和法律委员会经研究，建议增加规定，县级以上人民政府疾病预防控制部门发现虚假或者不完整传染病疫情信息的，应当及时发布准确的信息予以澄清。

三、修订草案二次审议稿第五十七条规定了隔离治疗、医学观察措施及救济渠道。有的常委委员、代表、部门、地方和社会公众建议对采取隔离治疗、医学观察措施的人员范围科学合理确定，并进一步完善救济制度、拓宽救济渠道。宪法和法律委员会经研究，建议作以下修改：一是明确采取隔离治疗、医学观察措施，应当根据国家有关规定和医学检查结果科学合理确定具体人员范围和期限，并根据情况变化及时调整。二是明确单位和个人认为采取的传染病疫情防控措施侵犯其合法权益的，可以提出申诉，申诉期间相关措施不停止执行。县级以上地方人民政府应当畅通申诉渠道，完善处理程序，确保有关申诉及时处理。

四、有的常委委员、专家和社会公众提出，加强医疗机构疾病预防控制能力建设，对于健全公共卫生体系、促进医防协同和医防融合具有重要意义，建议增加有关内容。宪法和法律委员会经研究，建议增加规定，国家加强医疗机构疾病预防控制能力建设，持续提升传染病专科医院、综合医院的传染病监测、检验检测、诊断和救治、科学研究等能力和水平。

五、有些常委委员、代表、地方和社会公众建议进一步完善法律责任，增强合理性和可操作性。宪法和法律委员会经研究，建议按照过罚相当的原则，修改完善有关行政处罚的规定。

还有一个问题需要报告，在常委会审议和征求意见过程中，有些常委会组成人员、地方和专家对传染病目录、乙类甲管措施提出一些意见，有的建议法律不列举传染病病种，有的建议调整病种，有的建议不列举乙类甲管传染病的具体病种。宪法和法律委员会经研究，考虑到有关方面对这部分内容尚未形成共识，修改条件还不成熟，建议尊重国务院议案相关内容，不作大的修改；国务院和国务院卫生健康主管部门可以根据传染病暴发、流行情况和危害程度，依法对传染病目录和相关传染病的管理措施适时调整。

此外，还对修订草案二次审议稿作了一些文字修改。

4 月 15 日，法制工作委员会召开会议，邀请部分全国人大代表、地方政府有关部门、医疗卫生机构和专家学者就修订草案中主要制度规范的可行性、出台时机、实施的社会效果和可能出现的问题进行评估。与会人员普遍认为，修订草案贯彻落实习近平总书记关于强化公共卫生法治保障重要指示精神，坚持以人民为中心，坚持问题导向，总结疫情防控经验，对传染病防治相关制度机制作了健全完善，对于进一步加强传染病防治工作、保障人民健康和公共卫生安全具有重要意义。修订草案经过修改，充分吸收了各方面意见，已经比较成熟，建议尽快审议通过。与会人员还对修订草案提出了一些具体修改意见，宪法和法律委员会进行了认真研究，对有的意见予以采纳。

修订草案三次审议稿已按上述意见作了修改，宪法和法律委员会建议提请本次常委会会议审议通过。

修订草案三次审议稿和以上报告是否妥当，请审议。

全国人民代表大会宪法和法律委员会

2025 年 4 月 27 日

全国人民代表大会宪法和法律委员会关于《中华人民共和国传染病防治法（修订草案三次审议稿）》修改意见的报告

全国人民代表大会常务委员会：

本次常委会会议于4月27日下午对传染病防治法修订草案三次审议稿进行了分组审议。普遍认为，修订草案已经比较成熟，建议进一步修改后，提请本次常委会会议表决通过。同时，有些常委会组成人员和列席人员还提出了一些修改意见和建议。宪法和法律委员会于4月27日晚召开会议，逐条研究了常委会组成人员和列席人员的审议意见，对修订草案进行统一审议。教育科学文化卫生委员会、司法部、国家卫生健康委员会、国家疾病预防控制局有关负责同志列席了会议。宪法和法律委员会认为，修订草案是可行的，同时，提出以下修改意见：

一、修订草案三次审议稿第四十八条第一款规定，任何单位和个人发现传染病患者、疑似患者时，应当及时向附近的疾病预防控制机构或者医疗机构报告有关信息。有的常委委员建议明确单位和个人发现传染病患者、疑似患者时，也可以直接向疾病预防控制部门报告，以便有关主管部门及时掌握疫情信息，采取相应措施。宪法和法律委员会经研究，建议采纳这一意见。

二、有的常委委员建议进一步促进医防协同、医防融合，加强医疗机构与疾病预防控制机构的合作。宪法和法律委员会经研究，建议增加规定，国家创新医防协同、医防融合机制，推进医疗机构与疾病预防控制机构深度协作。

三、有的常委委员提出，传染病防治人才培养对于推动疾病预防控制事业高质量发展至关重要，建议补充有关内容。宪法和法律委员会经研究，建议增加规定，国家加强传染病防治人才队伍建设，推动传染病防治相关学科建设。

在常委会审议中，有些常委会组成人员和列席人员还就进一步加强个人信息保护、推动传染病防治科学研究、完善保障措施等提出意见建议。宪法和法律委员会经研究认为，上述意见建议涉及的问题，有的已在有关法律、行政法规中作出规定，今后还可以进一步完善；有的可由国务院及其有关部门制定修改配套规定，进一步明确细化；有的属于工作中的问题，需要不断改进。建议国务院及其有关部门认真研究常委会组成人员的审议意见，进一步完善传染病防治相关制度，抓紧制定修改配套规定，做好法律宣传，切实保障法律的贯彻实施。

经与有关部门研究，建议将修订后的传染病防治法的施行时间确定为2025年9月1日。

此外，根据常委会组成人员的审议意见，还对修订草案三次审议稿作了一些文字修改。

修订草案修改稿已按上述意见作了修改，宪法和法律委员会建议提请本次常委会会议审议通过。

修订草案修改稿和以上报告是否妥当，请审议。

全国人民代表大会宪法和法律委员会

2025年4月29日